小学校入試対策問題集

パーフェクト

キリトリ式

思考問題 4

☆本書の使い方☆

◎ 本書はキリトリ式になっています。

◎ ▲のついている方向を上にしてご使用ください。

◎ この本は「速さ」や「得点力」をみるためのものではありません。制限時間などは指定していませんので、お子様の状態に合わせてご使用ください。

◎ さまざまな難易度の問題があります。難しい問題は、お子様の状態に合わせてヒントを出したり、言葉を言い換えたりしてください。

▶問題01

上の四角のように、数や形が変わる不思議な箱があります。♥の箱を通ると１つ増えます。◆の箱を通ると１つ少なくなります。×の箱を通ると形が変わります。下のように箱を通ったとき、最後はどうなりますか。その数だけ、その形を書きましょう。

解答

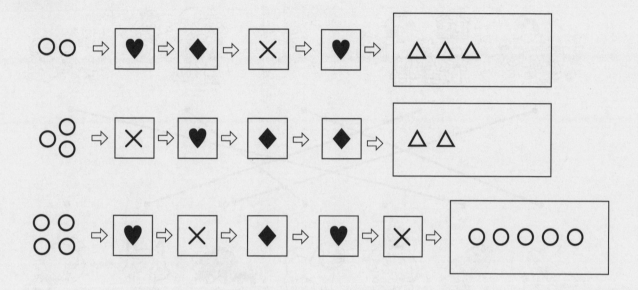

▶問題02

上の四角の中のようにミカンの箱を通ると数が２つ増えます。リンゴの箱を通ると数が１つ少なくなります。ブドウの箱を通ると３つ増えます。下の絵のあいているところには、どの箱を置くとよいですか。１つ選んで〇をつけましょう。

解答

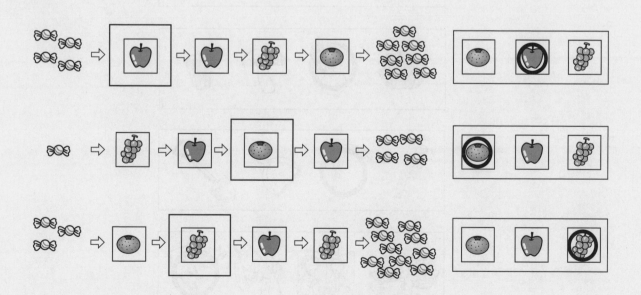

▶ **問題 03**

上の絵と関係のあるものを、下から選んで線で結びましょう。

解答

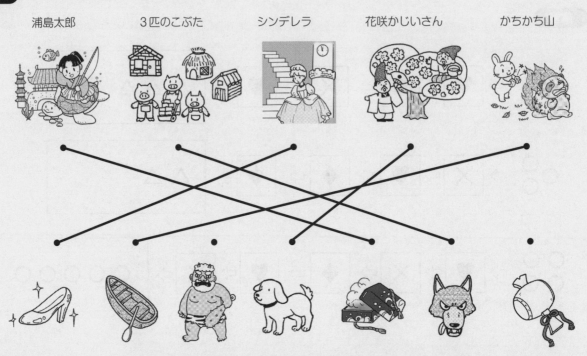

浦島太郎　　　3匹のこぶた　　　シンデレラ　　　花咲かじいさん　　　かちかち山

▶ **問題 04**

左の絵と同じ仲間を右から探して○をつけましょう。

解答

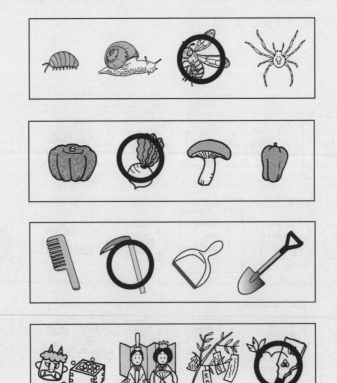

▶問題 05

左のケーキを全部お皿に分けます。空いているお皿にはケーキが何個になりますか。その数だけ〇を書きましょう。

解答

▶問題 06

動物たちにお皿のようにそろえて食べ物を分けます。食べ物はそれぞれいくつ余りますか。右の□にその数だけ〇を書きましょう。

解答

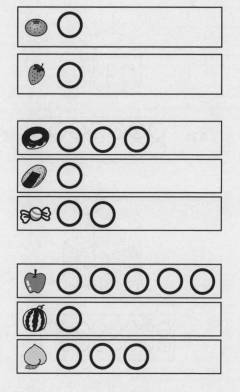

▶**問題 07**

積み木の数だけ、□の中に○を書きましょう。

解答

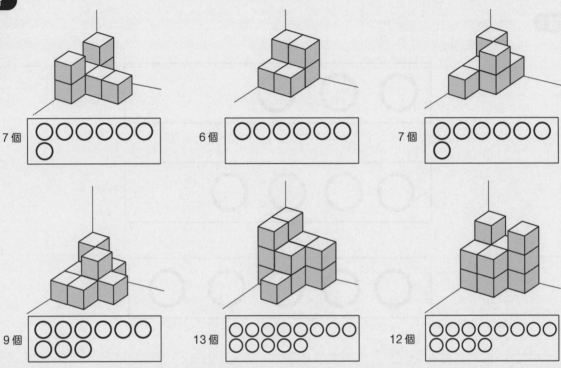

▶**問題 08**

積み木の数だけ、□の中に○を書きましょう。

解答

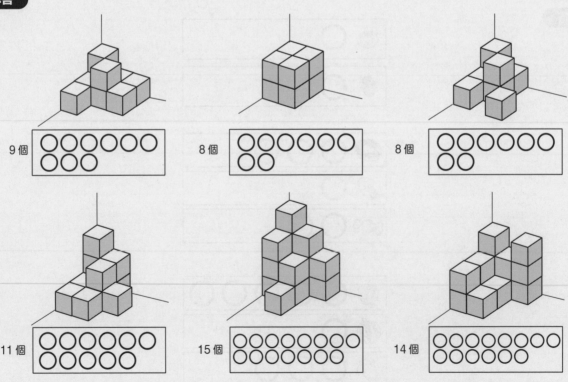

▶問題 09

左の 2 つを合わせた数と、右の 2 つを合わせた数が、同じものどうしを線で結びましょう。

解答

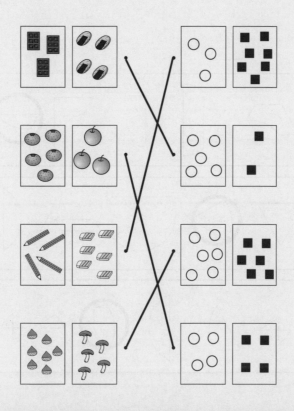

▶問題 10

ブタさんとウサギさんは、左の絵のようにニンジンを持っています。ブタさんがウサギさんにニンジンを 2 本をあげると、ブタさんとウサギさんの持っているニンジンの数の違いはいくつになりますか。その数だけ右の四角に〇を書きましょう。

解答

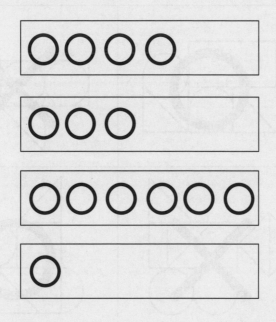

▶問題11

　〇、△、□の形があります。3つの形が重なっているところはどんな形ですか。1つ選んで〇をつけましょう。

解答

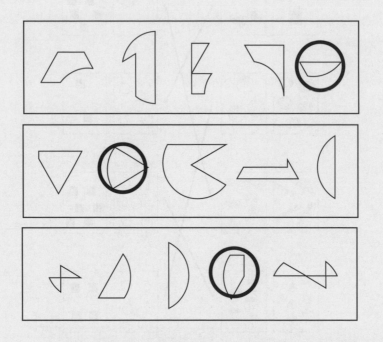

▶問題12

　左の6枚の形を全部使って、いろいろな形をつくります。向きを変えたり、重ねたりすることができます。右の4つの形で、できるものに〇、できないものに×をつけましょう。

解答

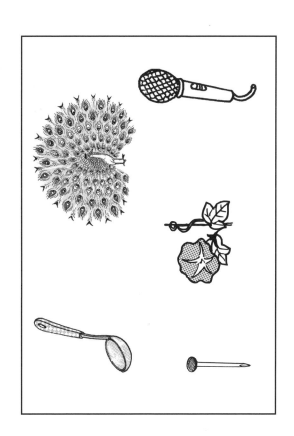